Julius Stinde

LA TURBERA

Traducción de Roberto Vivero

Ápeiron Ediciones

2025

Julius Stinde

LA TURBERA

Drama framiliar naturalista
en un acto

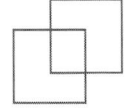

MÁSCARAS

1.ª edición, 2025

Julius STINDE, *Das Torfmoor.*
Naturalistisches Familiendrama in einem Aufzug,
Freund & Jeckel (Carl Freund), Berlín, 1893

© De la traducción, Roberto Vivero
© Ápeiron Ediciones

C/ Príncipe de Vergara, n.º 132, planta 9
28002 Madrid
Tfno.: (+34) 611 00 28 41
E-mail: info@apeironediciones.com
http://www.apeironediciones.com/

Diseño y maquetación: Ápeiron Ediciones
Imagen: Portada original del libro

Papel procedente de fuentes responsables

ISBN: 979-13-990486-4-3
Depósito legal: M-12457-2025

La turbera

La turbera

Drama familiar naturalista
en un acto

(Prohibida la representación)

Julius Stinde

Con las contribuciones literarias de

Einar Drillquist: «Interrogatorio al autor, una interviú». —
Ola Bagge-Olsen: «El significado ético de *La turbera*». —
Rasmussine Tosse, *stud. rer. nat.*: «Las figuras femeninas en
La turbera». — **Mads Dosmer**: «La filosofía de Fr. Nietzsche
y *La turbera*». — **Gumme Griis**: «El escenario de *La turbera*
et. al.»

Personajes

Señora Quärkersen
Leie
Knude
Pastor Vaaser

Lugar: Una mísera choza al borde de una gran turbera salpicada de insondables charcos de barro
Tiempo: Día laborable por la tarde, las cuatro y media, según la hora centroeuropea
Climatología: Al principio, nublado; a continuación, despejado; al final, luz vespertina
Temperatura: 18,5 °C
Altura barométrica: 762,2
Viento: ESE, más tarde gira al E hasta ENE

Todos los accesorios han de ser auténticos, es decir, viejos y usados: la ropa, incluida la ropa interior, tiene que estar muy gastada; la pobreza debe representarse de la manera más realista posible.

Knude va descalzo. Leie se permite el perdonable lujo de llevar zuecos de madera daneses.

La actriz que representa a Leie produce la espuma que le sale de la boca durante las convulsiones masticando jabón doméstico común y corriente.

La actriz que representa a Quärkersen hará mejor su papel mientras sufre un fuerte resfriado con el fin de escuchar los sutiles matices de la tos tal y como se da en la Naturaleza.

Cuando se levanta el telón, se extiende desde el escenario un reconfortante olor a fenol.

(El interior de una choza, pobre, sucia, pero fiel a la realidad. Al fondo, a la derecha, una cama con el lado de los pies hacia el público. Al fondo, una ventana; delante de esta, una mesa desvencijada en cuyos cajones huele a trozos de pan duro. Vista a la turbera. Delante, a la izquierda, una puerta y una silla. Debajo de la cama hay remolachas, patatas, coles. Colcha sucia, pero verdadera, infinitamente verdadera.)

La señora QUÄRKERSEN *(yace, como muerta, sobre la cama).* KNUDE *y* LEIE *(miran desde fuera por la ventana y a continuación entran por la puerta de la izquierda.* KNUDE *trae un montón de paja).*

Knude

Ya está muerta y la cama es para nosotros. Ahora puede echarse sobre la paja. *(Quiere extender la paja.)*

Leie

Espera a que enfríe, Knude.

Knude

¿Y eso?

11

Leie

Piénsalo, es mi madre.

Knude

Sí, lo pienso, ¿pero de qué sirve? Lleva dos años en la cama. Y nosotros… nosotros dormimos sobre paja. Eso no es propio de una madre.

Leie

Estaba enferma.

Knude

Pues tanto más pronto tendría que haberse muerto. Pero no. Tuvimos que vender nuestras mejores cosas para pagar al farmacéutico y el fenol. Lo único valioso es la cama. No vas a heredar nada más de tu madre. Venga, ayúdame.

Leie
(se queda paralizada y sufre un ligero ataque epiléptico. KNUDE le saca los pulgares de sus puños apretados y temblorosos. LEIE da un suspiro de alivio.)

Ya ha pasado. No te enfades, Knude.

Knude

Los ataques son la única herencia de tu padre. *(Con desprecio.)* No es mucho, pero por lo menos es algo.

Leie

Knude, no te burles de mí. Ya sabes que empeoro con los reproches. El doctor dice que el cerebro influye en la médula espinal y la médula espinal es, en las personas, como el hilo en los títeres. Por eso sufro estas contracciones. *(Con calma, confidencial, como hablan los casados.)* Pero he encontrado una salida. Tienes que entenderme igual que yo te entiendo a ti, Knude. Querías la cama, no pensabas en nada más, día y noche. Somos pobres, la turba que sacas del páramo da poco dinero, la enfermedad se lo lleva todo... Por eso he tomado la decisión de... *(Se oye una tos.)* ¿Qué ha sido eso?

Señora Quärkersen *(tose como despertando de un sofoco.)*

¡E... he... e!

Leie

¿Lo has oído?

Knude

¡Está viva!

Señora Quärkersen *(tose, se incorpora. Con voz ronca y cavernosa.)*

Así es, está viva. Aún no se ha muerto. *(Tose más.)* Todavía no os hace ese favor. *(Tose más.)* Me quedo en cama y *(escupe en la escudilla del fenol)* y me quedo con la cama. *(Con risa ronca.)* ¡Ja, ja!

Knude

¡Te voy a estrangular! *(Se lanza a por ella con los dedos como garras.)*

Señora Quärkersen

Estrangula, estrangula. Así no te diré dónde tengo el dinero.

Knude

¿Dinero?

Leie

¿Dinero?

Señora Quärkersen

Eso es, dinero. Pero lo necesito yo, para cuando me haya curado. *(Tose terriblemente, escupe.)* Ej... ej... ¡puaj! Ahí se fue un trozo de pulmón. Pero hace poco el doctor dijo que se puede llegar a viejo con medio pulmón. *(Escupe.)* ¡Puj!

Leie

¿Tienes dinero? Qué injusta has sido al permitir que se gaste lo poco que Knude gana con el fenol.

Señora Quärkersen

El doctor dice que sin el fenol la diñamos todos, yo y vosotros. *(Tose.)* Ajjjj… Si me cuidáis con esmero y me tratáis con cariño, tendréis el dinero tras mi muerte. Hermosas monedas y billetes. Pero si me tratáis mal, se lo daré a otros. Eso es, a otros.

Leie

¿A quién?

Señora Quärkersen

A quienes me quieran. *(Tose.)* Ejjj… jeeee… aj… pfrj. Mejor que vosotros. Ahí, con la paja… Escuchad lo que os digo: no permito que nadie me dicte mi vida. Soy una mujer libre. *(Tose terriblemente.)* Ojjj… Ajjj… ojjj… j.

Knude *(tiene arcadas.)*

¿Y si estás mintiendo?

Señora Quärkersen

¡Ah, Knude! ¿Cómo puedes pensar tan mal de mí? Mentir es el peor de los pecados. De la mentira nacen todos los males del mundo. Ah, qué grande y perfecto sería el mundo sin pecados *(profunda)*... por así decirlo, purificado de pecados. *(Tose.)* ¡Ajjjppp... pjjjja!

Leie

Knude, si vuelves tan solo a sospechar que la anciana mujer miente, me separo de ti.

Knude

No puedes. De hecho, no estamos casados a la manera habitual, a través del voto ancestral ante el sacerdote, pero una promesa voluntaria une de manera más fuerte que el matrimonio. Lo más voluntario es lo más vinculante. Y nosotros estamos unidos voluntariamente.

Leie *(gime profundamente.)*

Sí... Sí... Me entregué a ti voluntariamente... *(Gime menos profundamente.)* Pero, Knude, cuando me hice tuya, todo en ti era claro, firme, enérgico. Me entregué a esa claridad interior y pura. Que tus manos estuviesen marrones por la turba que horneas, que tu ropa estuviese llena de turba, que tu pelo estuviese tieso por la turba, que entre los dedos de los pies tuvieras membranas de turba… eso no me molestó. Toda la repugnante existencia es solo una enorme turbera. Allí donde pisas, el estiércol burbujea; quien camina sobre él, cae en pozos sin fondo y se hunde. ¡Knude, Knude! Si nuestro interior también se convierte en una turbera, ¿qué será de la humanidad?

Knude

No te entiendo.

Leie

Tienes que pensar en todos, no en tu yo codicioso. Todo lo demás, el feo deseo sensual tiene que hundirse en el silencio y la paz, entonces caerá sobre ti la paz de espíritu. Porque, mira, Knude, de lo contrario me contagias con tu visión de la vida y yo pierdo la nobleza de mi voluntad.

Knude

Tampoco entiendo eso.

Leie

No entiendes lo que digo, Knude, porque ya empieza a oscurecer en tu interior. La generación de hoy en día es plana, vacía, deforme y mala porque se deja dominar por la mentira. La apariencia vale más que el ser, el betún más que las botas, la condecoración más que la camisa, el brillo exterior más que la claridad interior. Crees que la anciana miente... Knude, Knude, solo un siervo de la mentira piensa así. ¿Ves ahora por qué no puedes entenderme?

Knude

Cuando te convertiste en mi mujer, tu madre ya estaba enferma... La cama tenía que ser nuestra pronto, Leie. Eso es lo que pensaba de manera clara y firme. Pero la vieja no se quiere morir... Vive en contra de la Naturaleza y eso es... una mentira. Una mentira viva.

Leie

Mientras quiera vivir, su vida es verdad. *(Susurrando.)* Pero si voluntariamente...

Knude

Sí, si quisiera eso...

Señora Quärkersen *(con voz ronca y débil.)*

¡Leie!

Leie

¿Qué, mamá?

Señora Quärkersen

Tengo hambre, Leie. Trae algo para comer.

Knude y Leie *(susurrando al mismo tiempo.)*

Quiere seguir viviendo.

Leie

Enseguida, madre. Tu cena está preparada. Se está haciendo a fuego lento en las cenizas calientes. ¡Ah! *(Da un grito, se cae y yace en suelo con ataques epilépticos. Rechina los dientes, pone los ojos en blanco, le sale espuma por la boca.)*

Knude

Bueno, ahí está, la herencia de tu padre. Voy a buscar la comida.

Señora Quärkersen

Muy bien, Knude, muy bien. *(Tose.)* El hombre que cumple con su deber *(profunda)* es un hombre fiel a su deber. Ah, muchos hombres no saben qué es el deber. Por eso el mundo necesita mejorar. *(Tose.)* Aj… jaj… puaj. Todos queremos mejorar. *(Escupe.)* ¡Ptfpt!

(Llaman a la puerta).

Knude *(abre la puerta.)*

Es el pastor Vaaser. Buenas tardes, señor pastor. Siéntese. *(Le pone la silla en el rincón más alejado.)*

Pastor Vaaser

Buenas tardes, Knude. Buenas tardes, señora Quärkersen. ¿Cómo se encuentra?

Señora Quärkersen

No muy bien, señor pastor. La tos y los sudores nocturnos debilitan el cuerpo. El colchón está siempre húmedo, señor pastor. Pero el espíritu está despierto y la conçiencia permanece pura.

Pastor Vaaser *(quiere acercar la silla a la cama.)*

Knude

No se acerque tanto, señor pastor. La vieja exhala bacilos. Y el doctor dice que los bacilos contagian. *(Sale.)*

Pastor Vaaser *(se sienta en la silla que le han indicado.)*

Bien, bien. Tengo que cuidarme por el bien de la comunidad. *(Ve a Leie, tirada en el suelo.)* Leie, ¿otra vez el mal heredado?

Sí, sí, señora Quärkersen, no tendría que haberse casado con un epiléptico. Eso fue un pecado contra su hija.

Señora Quärkersen *(tose, avergonzada.)*

Ej... e... ej... Leie no es mi hija biológica, señor pastor. La adopté.

Pastor Vaaser

Eso fue un acto que la honra, señora Quärkersen.

Señora Quärkersen

Bueno, sí. Todos tenemos un lado bueno.

Pastor Vaaser

Aunque Leie sea su hija adoptiva, usted tiene el deber de guiarla por el buen camino. Leie y a Knude siguen sin la bendición eclesiástica. Hay que poner fin a esta situación, señora Quärkersen. Por eso he venido, para exhortarla, en su lecho de enferma, a que haga valer su influencia.

Señora Quärkersen

Señor pastor, es un error limitar la libre voluntad de los hombres *(profunda.)* Solo en su libre voluntad el hombre es verdaderamente libre. No pongo la mano sobre la más elevada dignidad humana, sobre su libre autodeterminación. Nunca lo he hecho, ni siquiera cuando aún vivía en la ciudad y tenía un centro para cuidar bebés *(tose levemente.)* Qjjj... ¡kss!

Pastor Vaaser

Sí, sí, he oído hablar de eso. Fue antes de que ocupase mi puesto. Cuando me convertí en pastor en la ciudad, usted ya vivía aquí, al borde de la turbera. Se comenta que se le murieron muchos pequeños, señora Quärkersen.

Señora Quärkersen *(alegre.)*

Todos, señor pastor. Todos menos Leie.

Pastor Vaaser

¿Cómo fue posible, señora Quärkersen?

Señora Quärkersen *(en confianza.)*

Muy sencillo, señor pastor. Se lo diré. Ciertamente, el ser humano es cobarde, carece del valor para confesar abiertamente, pero yo no soy cobarde, soy franca y sincera *(tose.)* Ajoj... oj... quej... e.

Pastor Vaaser

Muy bien, señora Quärkersen. Entonces, ¿cómo es que se le murieron todos los niños?

Señora Quärkersen

Yo puse un poco de mi parte.

Pastor Vaaser

Pero eso es horrible.

Señora Quärkersen

Oh, no, señor pastor, solo el deber. Mire, si las niñas hubiesen crecido, ¿qué habría sido de ellas? Ahora son puros angelitos.

Pastor Vaaser

Sin duda, fácilmente podrían haberse convertido en algo peor.

Señora Quärkersen *(muy alegre.)*

¿Verdad? Justo eso pensé yo. Qué bueno es usted con esta pobre anciana, señor pastor. Lástima que ya no tenga el negocio; seguro que usted lo recomendaría. Y siempre los enterraba como es debido. No me importaban unos céntimos más o menos.

Pastor Vaaser

Un pensamiento encomiable, señora Quärkersen. Lo que importa es la intención detrás de los hechos, como el estanque detrás de las ruedas del molino. Sin su agua, no se mueve la rueda. Entiéndame bien, querida señora: cuando hablo de intención, me refiero a la convicción, a la inquebrantable verdad del pensamiento.

Señora Quärkersen

Estoy completamente emocionada, señor pastor. Sí, obré de manera inquebrantable. Mi voluntad era fuerte y libre. No, no los torturé durante semanas, como hacían algunas de mis colegas… También entre estas hay personas infames… Los míos no tardaban en diñarla.

Pastor Vaaser

Eso también la honra.

Señora Quärkersen

Señor pastor, lo único con lo que el hombre puede entrar en la eternidad es con su buena reputación. Ni por todos los bienes terrenales querría que el día del Juicio Final, donde todo sale a la luz, mis clientes me acusaran de haberles servido mal *(escupe.)* Pfgj.

Pastor Vaaser

De nuevo muy bien pensado, señora Quärkersen. El deber es la más ley suprema, no importa la gravedad de las consecuencias. Quien desatiende su deber, desatiende al Estado, a la sociedad, al desarrollo del individuo. Y el individuo que es libre en sí es la humanidad.

Señora Quärkersen

Eso mismo pienso yo, señor pastor. Lo que importa es la libre voluntad. A los pequeños no les gustaba la existencia terrenal, gritaban día y noche, querían irse de este superficial y engañoso valle de lágrimas. Y yo les ayudé. Les ponía la mano en la boca y en la nariz. No gemían durante mucho rato. Apenas como un gato que quiere entrar en casa cuando está lloviendo y no le abrimos la puerta. Hay mala gente, señor pastor, que no deja entrar a un pobrecito animal.

Pastor Vaaser

Por desgracia.

Señora Quärkersen

Luego se les ponía la cara azul, movían los bracitos y las piernecitas como si quisieran nadar, la cabecita caía hacia atrás y el almita se convertía en un angelito. Y qué monos estaban en sus pequeños feretritos. Bien lavados, con su ropita funeraria blanca, con liritos del valle o lo que ofreciese cada estacioncita. No se podía ver nada más delicioso. Sí, sí, señor pastor, yo era consciente de mi deber. ¡Jjjtp!

Pastor Vaaser

Eso parece. Pero ¿cómo es que Leie no se convirtió en un angelito?

Señora Quärkersen

Sí, eso fue algo especial. Leie no gritaba, ni pataleaba. Leie dormía, y cuando no dormía, sonreía. Le gustaba la existencia, carecía de voluntariedad para abandonar la Tierra. Su padre había bebido, y también su madre; había heredado la dicha aguardentosa y siempre estaba contenta. No obstante, más tarde eso desembocó en los ataques. ¿Pero quién habría podido preverlo? ¡La herencia es una cosa muy oscura, señor pastor!

Knude *(entra de repente, gritando.)*

¡Leie! ¡Leie! ¿Pero qué has cocinado? ¡Leie! ¡Me muero! Me arden las entrañas como turba abrasadora. ¡Leie! *(La sacude; LEIE vuelve en sí.)*

Leie

¿Qué sucede? ¿Qué te pasa, Knude? *(Se pone de pie.)*

Knude

Comí de lo que le habías preparado a la vieja… ¡Socorro! ¡Ayuda! *(Rueda por el suelo.)*

Leie

¿De qué olla comiste, Knude?

Knude

Vacié las dos.

Leie

Entonces estás perdido.

Pastor Vaaser

Leie, explica qué ha pasado.

Leie

Preparé dos comidas para la anciana: en una olla, sémola; en la otra, *Amanita muscaria.* La anciana tenía que elegir. Si escogía la sémola, seguiría con vida; si comía las setas, moriría. Tenía que elegir libremente. Pero ahora Knude ha caído víctima del destino. Knude, ahora conoces mi salida; tú mismo seguiste libremente ese camino.

Knude *(con convulsiones.)*

¡Maldita sea la libre voluntad! Me muero, Leie, me muero. Pero en mi interior… vuelvo a maldecir… el mundo entero es turba… Escupo sobre él. Así. Ahora aquí dentro todo vuelve a ser puro y claro… ro… ro… r. *(Respira con gran dificultad y su cuerpo se arquea violentamente.)*

Leie

Pero, Knude, muere bellamente *(llorando.)* ¡Oh, Knude, hazlo!

Knude

¡Dame… la… cama… la cama! *(muere rechinando los dientes.)*

Señora Quärkersen

¡Oh, Leie, a quien permití vivir! ¿Has intentado matarme? ¡Oh, señor pastor, qué malvado es el mundo! La gratitud se ha extinguido, solo queda el vil egoísmo y este reina sobre la humanidad.

Leie *(sollozando.)*

Ahora Knude está sobre la paja que había preparado para la anciana. ¡Oh, Knude, sin cama! ¡Sin cama! Ahora que has muerto, ¿quién va a hornear la turba? ¿Qué hará la humanidad sin turba? *(Sufre un terrible ataque epiléptico, se golpea con el borde de la cama y cae al suelo como un fardo.)*

Pastor Vaaser *(intenta levantarla.)*

Señora Quärkersen, prepárese para lo peor. Leie se ha roto el cuello. Ha fallecido… Muerta por ella misma.

Señora Quärkersen

¿He de morir de hambre aquí sola? Señor pastor, este es mi libreta de ahorros, dinero ganado honestamente. Cójalo; envíeme una cuidadora de la ciudad. *(Le da la libreta que guardaba bajo la almohada.)*

Pastor Vaaser

Así se hará. También hay que amortajar y enterrar a los cadáveres. Aquí no pueden pudrirse. ¿No hay un camino más corto para cruzar el páramo que el camino rural y luego la carretera?

Señora Quärkersen

Hay dos caminos para salir de aquí. Uno conduce a la ciudad; el otro, al interior del páramo, al pantano y a profundos hoyos. El izquierdo va derecho. Señor pastor, ¿qué delito he cometido para ser castigada de esta manera? ¿No he cumplido siempre con mi deber?

Pastor Vaaser

No, señora Quärkersen, no. Solo cumplió a medias con su deber. El deber exige *todo o nada*. Hacer las cosas a medias es la enfermedad de nuestro siglo. Dejó que Leie viviera… Eso fue hacer las cosas a medias. La pequeña tenía una tara hereditaria, trajo al mundo la culpa de sus padres. Su deber habría sido eliminar esa culpa, pero la culpa solo se expía con la muerte. Leie también tendría que haber sido un angelito. Ahora sufre usted las consecuencias de haber obrado a medias.

Señora Quärkersen

¡Ah, señor pastor, toda nuestra sabiduría es imperfecta! En la escuela no nos enseñaron nada sobre las leyes de la herencia. ¿Por qué? Todos éramos pobres, nadie heredaba. Cierto, el padre de Leie tenía una tara, era jorobado.

Pastor Vaaser *(se va inflamando con sus propias palabras.)*

¿Cuánto tiempo habrá de pasar hasta que el pueblo entienda plenamente la moral de la libre voluntad y las leyes de la herencia? ¿Cuánto tiempo ha de pasar todavía a tientas en la oscuridad? ¡Ah, aquí hace falta ilustración! Solo cuando se destruye y se olvida el pasado, la verdadera humanidad vive en el futuro. Me voy, señora Quärkersen. Arrepiéntase… de sus medias tintas. *(Indignado, sale.)*

Señora Quärkersen

Se va. *(A través de la ventana empañada se ve al pastor.)* ¿Encontrará el camino correcto? *(Con esfuerzo, se incorpora en la cama, apoya las manos en la mesa y mira por la ventana, horrible a la vista, pero increíblemente fiel a la Naturaleza. El sol de la tarde ilumina parte de la ventana.)* ¡Señor pastor, va por el camino equivocado! ¡Izquierda! ¡Izquierda! No me oye... *(Da golpes en la ventana, apoya la magra pierna en el borde de la cama.)* ¡Ay, mi pierna! *(La pierna sufre fuertes calambres.)* ¡Ay, ay! *(Se sube a la mesa.)* Avanza con valor... ¡Señor pastor, está corriendo hacia su perdición! La ventana no se abre... *(Consigue abrir la ventana.)* ¡Señor pastor! Ah, se está hundiendo. El pantano lo engulle. Y con él, mi libreta de ahorros. *(Tose terriblemente y escupe asquerosamente.)* Y sin fenol. ¡Y sin fenol! *(Como si estuviese loca, se acurruca sobre la mesa; el pelo cuelga bajo el gorro de dormir; con los magros brazos se coge las magras piernas. El sol dorado de la tarde brilla en toda su plenitud. Lloriqueando.)* ¡Sin fenol! ¡Sin fenol!

Telón

Interrogatorio al autor

Einar Drillquist

Para Ola Bagge-Olsen

Llevo solamente ocho días en Berlín y ya me sentía como en casa. Me refiero, naturalmente, al Berlín literario. Basta que vengas de Noruega para que en Berlín te reciban con entusiasmo. No se pide talento, sino valentía. «El mundo es de los valientes», dice un poeta nórdico. Y eso fue lo que hice.

«Bueno», me dije cuando terminé de leer *La turbera*, «aquí hay algo; si supiese qué, podría publicar un artículo en un periódico». También podría haberme equivocado y quizá ahí no había nada porque aún no dominaba el alemán. Pero eso tampoco importa porque los alemanes admiran más lo nórdico mal traducido que lo que sus hombres escriben y luchan para ayudarlo a que venza a sus Schiller, Goethe y otros del mismo tipo. Pero hay que ser valiente. Así la Modernidad destruye a la Antigüedad. Y eso es, naturalmente, un respetable triunfo de los países nórdicos, que ni siquiera pensaban en la literatura cuando Alemania ya celebraba a sus insignes poetas. «Un pueblo que no lo cifra todo en su honor es un pueblo despreciable», dice un poeta nórdico. Y por eso hice lo que hice.

Así que decidí escribir el artículo y llamé a Jeppe Loesp, un buen traductor (también del alemán) y fui en busca del autor para que me dijese qué se esconde en *La turbera* con el fin poder escribirlo (y que Jeppe Loesp lo tradujera).

Me había vestido de manera moderna, como debe hacerlo un moderno: una *Evening-dress-jacket*; pantalones claros y, naturalmente, arremangados; chaleco de corte ancho, a la manera verista; la parte delantera de la camisa como un fresco; cuello alto *fin de siècle*; corbata *au Symbolisme*; el pelo despeinado *au réalisme*, y un bastón *à la décadence*.

Y así llamé a su puerta.

—Entre —dijo el autor.

—¿Habla usted noruego? —pregunté.

—No —contestó el autor.

—Lástima —dije.

—¿Por qué? —preguntó el autor.

—Así no puede leer a nuestros grandes autores en el idioma original y, por lo tanto, tampoco puedo entenderlos.

—Ah —dijo el autor—. Me basta con la traducción.

—¿Qué dice? —le pregunté a Jeppe Loesp.

—Que entiende la traducción —respondió Jeppe Loesp.

—Naturalmente —dije—. El señor autor ha penetrado bastante en el mundo moderno-nórdico-dramático. Como se ve en *La turbera*, sí.

Jeppe Loesp tradujo. El autor pareció alegrarse mucho con aquel reconocimiento. Y bien podía, porque nosotros, los innovadores, no conocemos nada más que nuestros propios trabajos. Sí, tenemos principios.

—¿Qué tenía en mente cuando escribió *La turbera*? —le pregunté al autor.

—Muchas cosas.

—Eso es justo lo que nosotros hacemos —comenté—. Pensamos tanto como un Chimborazo y después escribimos solo una obra del tamaño de un panecillo. Esa es la prueba de nuestras ideas; a partir de eso, el lector tiene que adivinar, descifrar, notar, admirar el Chimborazo hasta que vea que nosotros mismos somos el Chimborazo. Entonces ya no necesita seguir pensando; entonces nos admira.

El autor dirigía su mirada al frente como si quisiera decir cuánto es siete por siete y hubiese olvidado la tabla de multiplicar.

—Jeppe —dije—, mi buen Jeppe, ¿has traducido bien lo que he dicho?

—Sí —respondió Jeppe Loesp.

—Entonces, ¿por qué el autor tiene esa cara de lerdo?

—Se muestra humilde ante la gigantesca grandeza de lo nórdico moderno —me dijo Jeppe en noruego para que el autor no nos entendiese.

—Sí —respondí—, naturalmente. Jamás se había hecho nada de tal grandeza. Por eso se tapa los ojos. Tienes toda la razón, mi buen Jeppe. Así que ahora pregúntale si ha trabajado según la Naturaleza, como nosotros trabajamos, o si ha estudiado la turbera, como nosotros estudiamos para asimilarla en nuestro interior antes de volver a darla.

Una vez Jeppe hizo la pregunta, el autor fue a buscar un trozo de turba, lo puso sobre la mesa y dijo que aquella era la Naturaleza a partir de la cual había trabajado en *La turbera*.

—¡Autor! —exclamé—. El diablo me lleve, usted merece ser uno de los nuestros; lástima que sea alemán.

—¡Oh! —dijo el autor, e hizo una profunda reverencia.

—Bien hecho —dije yo—. ¿De qué podría estar orgulloso? ¿De sus laureados poetas? Los modernos los hemos declarado, a todo sin excepción, unos jóvenes estúpidos... y el público se pone de nuestra parte. ¿De su nación? Nosotros afirmamos que todos los hombres son corruptos, enfermos, mentirosos, falsos... y el público se pone de nuestra parte. ¿De su país? Nosotros afirmamos que todo país es niebla, lluvia, gris, pervertido... y el público se pone de nuestra parte. Sí, tenemos al público de nuestra parte porque los hemos convencido de que somos modernos. Alemania se deja hipnotizar por todo lo foráneo porque infravalora su propia grandeza y no confía en sí misma. Carece de auténtico orgullo. En estos momentos, los nórdicos la hemos hipnotizado y ahora escupe ante sus antiguos dioses y en vez de a flores, huele a ortigas, y en vez de agua de manantial, bebe tinta enmohecida, y en vez de vino, lavazas de los hospitales, y a los enfermos los tiene por sanos, en vez de bocas frescas y rojas, besa bubones pestilentes y clama ¡hosanna! a la abominación. Porque (Einar Drillquist susurra al oído del autor) está tan hipnotizada que tiene por verdadero todo lo que nosotros celebramos como verdad. Hemos ido tan lejos, que hacemos pasar la *verdad poética* por la *realidad*. Ahora al plagiador de la realidad lo tiene por un auténtico poeta. Y por este conocimiento da todos los tesoros de su vida intelectual; las piedras preciosas que le regalan sus poetas las desprecia como si fuesen cristales sin valor. Y así debe ser. Para quien no conoce los diamantes, la bisutería es la mayor de las maravillas. Ya ve, esta es la verdad y se la digo sin tapujos porque usted es uno de los nuestros.

El autor intentó negar con la cabeza.

—Quédese tranquilo —dije— y siga igual de dócil. Así tiene que ser para estar en armonía con lo que de manera tan poética dice Ibsen en su poema «Carta en globo» (1870) sobre los domados jabalís germánicos.

Jeppe le tapó la boca al autor. Quien quiere decir algo en nuestra contra, recibe este trato. Tenemos nuestra Legión Extranjera voluntaria que responde por nosotros.

—Si lee ese poema —proseguí—, verá en él a los pesados alemanes que gritan hasta quedarse roncos alardeando de su poder eterno en el Rin, al estado mayor con espías, nada más que una jauría suelta; toda vuestra gran época, es grandeza solo para papanatas. Piensa en Tamerlán y Etzel cuando nombres a tus héroes, a los que ningún poeta canta y por eso están muertos como los ídolos egipcios. Pero Gustavo Adolfo y Carlos XII fueron héroes, su alabanza resuena en todos los países, y Peter Wessel junto con ellos. ¿Conoce a Peter Wessel? ¿No? ¡Clemencia! Aún tiene que conocerlo si queremos respetarlo como a un igual. Pero primero debe eliminar cualquier sentimiento patriótico para dejar espacio a Peter Wessel. Además, podría ofender a países extranjeros si quisiera ser el amo de su cerebro. Siempre mansos ante los extranjeros, vosotros, germánico jabal...

—Le ruego… —exclamó el autor.

—Sí —dije yo—, le será concedido. Usted trabaja a partir de la Naturaleza. El trozo de turba lo demuestra. Lo acogemos como alguien afín a nosotros. Le haremos publicidad, lo recomendaremos a asociaciones que le abrirán puertas selladas, pues la realidad que sucede detrás de puertas selladas, o al menos con el cerrojo echado, es la verdadera. En los banquetes lo celebrarán como a alguien convertido al último movimiento.

Sus periódicos nos hacen famosos en Alemania y yo quiero hacerle a usted famoso en la cima de las montañas.

—No —dijo Jeppe Loesp—, eso es imposible. El autor se ha puesto todo rojo.

—Quien quiere ser uno de los nuestros, tiene que dejar de ruborizarse —dije—. Ruborizarse es un signo de salud moral; lo que nosotros queremos es la fuerza de la enfermedad, la fría insensibilidad de los nervios gastados, a los que lo espeluznante, lo horrible, lo atroz, lo feo, lo repugnante les resulta encantador como una caricia inerte; y sin humor, siempre serios, tan serios como una ejecución.

—Ahora el autor se ha quedado lívido —dijo Jeppe.

—Sí, ya está listo —dije—. Ya aprieta los puños para dar golpes en la lucha por la Modernidad. Despidámonos del autor. Ahora voy a escribir mi artículo, a hacerme famoso y a hacerle publicidad. ¿Dónde estaríamos sin la publicidad?

Cuando ya estábamos fuera, oímos que el autor reía horriblemente y unos libros volaban contra la puerta, como Jeppe también dedujo a partir de los fuertes golpes.

—Jeppe —dije—, se está liberando. Aleja de sí la literatura mendaz. Cuando el santuario cae y se convierte en ruinas, quedan los pastos para el ganado útil. Pastaremos, mi buen Jeppe.

—Sí —respondió Jeppe Loesp.

Así que me fui y escribí esta visita al autor, y los editores dijeron que si hubiese escrito sobre un moderno nórdico, me habrían pagado dos marcos más. Un marco con cincuenta céntimos para mí y cincuenta céntimos para Jeppe Loesp.

—Bueno —dijo Jeppe—. No tenemos que volver a liarnos con autores alemanes; no tienen recorrido ni en su propio país. Conozco a un porquero que vive a cinco millas de Trondheim; si lo traemos aquí, ganaremos más. Es de muy lejos y completamente natural, pues no se asea. Así que en Alemania gustará.

—Hagámoslo, mi buen Jeppe —contesté—. Pero hay una cosa que me da miedo.

—¿Qué? —preguntó Jeppe Loesp.

—Si lo traemos a Berlín, imitarán al porquero. *¡Ya has visto en* La turbera *que la imitación no es arte!*

—Así es —respondió Jeppe Loesp—. Ahora veo… por qué se modernizaron tan rápidamente. Pero riámonos de ellos. Ni siquiera han inventado la Modernidad. ¿De dónde procede?

—Sí —dije yo—, quien se mete en un partido, encierra su espíritu en una jaula. ¿Cómo va a hacer algo grande en el arte quien jura hacer lo mismo que su camarada? Así, solo puede imitar y… no se le permite otra cosa. Y nosotros los hemos metido en la jaula. Riámonos, Jeppe.

Y Jeppe y yo nos reímos.

El significado ético
de *La turbera*

OLA BAGGE-OLSEN

Para Peder Svensen

De la misma manera que sale el sol de medianoche, también la modernidad sale del norte sobre los pueblos y allí donde cae su luz, retrocede la oscuridad de la mentira y vence la verdad sobre la hipocresía, la realidad sobre el engaño, tal y como tan veraz y profundamente dijo el maestro:

Sí, la luz me llega de lo alto,
el equilibrio es lo más elevado.[1]

La tendencia fundamental en *La turbera* es el leve espanto, el benéfico horror, el suave terror. Eso es moderno, y por eso es Naturaleza: es Naturaleza *moderna*. La Naturaleza nunca es moderna. Si la Naturaleza fuese moderna, habría sido modernizada mucho antes de la Modernidad. Nosotros hemos descubierto la Naturaleza e incluso mucho más. Hemos descubierto que cuando algo se pudre, apesta. Eso es lo que hemos encontrado. Y también mucho más. Y eso es lo que escribimos y lo que hacemos en nuestras obras. Y todavía mucho más, como dice Brand en la página 58:

---

[1] Véasen esta cita y la siguiente en *Brand*, un poema dramático de Henrik Ibsen, trad. L. Passarge, Philipp Reclam jun., Leipzig. 40 céntimos. — Página 103.

No, tienes que querer ser fuerte y libre
aunque la consecuencia sea horrible.

Esto es lo que el autor de *La turbera* usó como pauta y por
eso lo saludamos plena y firmemente como de nuestro mismo
pelaje.

Ya habíamos llevado a escena lesiones de la médula espinal
–por no hablar de la histeria–, reblandecimiento cerebral y
otras enfermedades, pero todavía no la tuberculosis declara-
da. Aquí la tenemos; y cuatro quintas partes de la humanidad
mueren por su culpa. ¿Acaso no es un tema para un drama?
Colosal. ¿Cómo dice Brand, página 123?

¡Quien tiene un pulmón enfermo,
duras y malas cortezas, empero,
puede, osado, sobre su lengua poner!
¡En vez de asfixiarse, tienen que toser!

Este es un pensamiento grande como una ballena en el
Océano Ártico, verdadero como una foca ahogada que a es-
condidas escucha la vida como una escupidera llena. ¿Qué es
la anticuada, mendaz y supuesta belleza de los antiguos poetas
no modernos, de estos rancios pequeñoburgueses, en comparación con semejante realidad? Sí, quien no expectora, se
asfixia. Esto es y siempre será verdad. Arrodillaos y rezad ante
quien ha regalado tales perlas.

Y así tose la señora Quärkersen en *La turbera*.

Observemos primero la turbera. Significa el mundo. Quien
no lo entienda, aún no está preparado para entenderlo. Esto

está pensado tan enorme y extraordinariamente que uno se queda asombrado de cómo el autor ha podido pensarlo sin ir a parar a una clínica mental en la que a él y a su pulso los volviesen en sí cuando su pensamiento lo había abrumado. Quien una vez ha perdido el juicio, no vuelve a recuperarlo, como dice Brand al final del cuarto acto, página 117:

> Que la pérdida sea tu elección: lo que se pierde
> es únicamente lo que permanece para siempre.

Por eso no ingresó en una clínica mental, sino que eligió la pérdida del entendimiento, en cuya eterna posesión ahora se encuentra. ¡Oh, luminosa y filosófica aurora boreal!

¿Cuál es el sentido del arte?

Mediante la copia de la abominable y vulgar realidad, disuadir de la mentira para intimidar hacia la verdad. La teoría de la disuasión por sí sola es un punto de vista obsoleto; unida a la teoría de la intimidación es, por el contrario, moderna. El arte nos hace mejores en la medida en que muestra las debilidades donde hay que aplicar los golpes; instruye en la medida en que muestra qué sucede cuando los hijos no son lo bastante prudentes a la hora de elegir a sus padres.

Esto mismo sucede en *La turbera*.

La señora Quärkersen tiene la tuberculosis y así representa a cuatro quintas partes de la humanidad. El quinto restante quedaría infectado por sus bacilos si no hubiese suficiente fenol para ahogar a los bacilos. De ahí la pobreza. El fenol lo consume todo, incluidas las sillas, que han sido vendidas todas menos una, Leie y Knude no tienen cama, probablemente el cepillo para limpiar las ventanas quedó como prenda en la farmacia y por eso los cristales están opacos, de acuerdo exactamente con la más alta sabiduría:

¡El hombre debe tener lo que necesita!

La ciencia nos dice que, sin fenol, el mundo perecería. Los habitantes de las chozas al borde de la turbera actúan de manera estrictamente científica. ¿Pero les sirve de algo?

No.

¿Por qué?

Porque están contaminados por sus antepasados. Con letras de fuego está escrita la lección de la turbera:

¡El fenol no sirve da nada
contra las taras hereditarias!

Esto es sublime y, al mismo tiempo, aplastante. Como en Aristóteles, pero mucho más elevado, significativo, científico. A Leie y a Knude les pasa como a aquel hombre que a pesar de haber seguido el tratamiento en Carlsbad, tres días más tarde, en su persecución del entendimiento, se pegó un tiro. Lo sacrifican todo por el fenol y, sin embargo, se mueren. Si Leie no fuese epiléptica y Knude no fuera un glotón, ahora podrían seguir con vida. De ahí la lección:

¡Cuando os vayáis a casar, sed razonables!

Y, no obstante, todo habría salido bien si Knude –y este es el ingenioso nudo de la acción– no hubiese tenido la intención de poner a la anciana sobre la paja. Su egoísmo le tiende la trampa en la que cae irremisiblemente. La anciana conoce perfectamente su carácter… Ahí radica el conflicto dramático que de manera coherente desarrolla la tragedia. De ahí la cuarta lección de la obra:

¡No pongas a una supuesta suegra sobre la paja hasta que no se haya enfriado!

Y también a pesar de esto habría sido posible un giro favorable, es decir, beneficioso para la vida, si los enjambres de moscas no hubiesen estado junto a la sémola. De ahí se sigue la quinta lección:

¡No comas setas que no conozcas!

Si quisiéramos extraer todas las lecciones que están en *La turbera*, tendríamos que escribir toda una biblioteca; solo buscaremos una más. La muerte del pastor Vaaser es horrible. Este hundimiento sin remedio en el pantano marrón, este ser engullido, esta lucha impotente, esta aproximación con patas de araña de la muerte, centímetro a centímetro, milímetro a milímetro, hasta que las primeras gotas del agua de turba humedecen los labios, trozos repugnantes entran en la boca, ahogando los gritos dementes, las fosas nasales quedan obstruidas y lentamente, lentamente quedan asfixiadas hasta que también el sacerdote con la libreta de ahorros se convierte en un ángel… Todo esto lo enseña la frase:

¡Hombre, ve siempre por la carretera!

Son gentes sencillas, hombres naturales, los que nos encontramos en *La turbera*; ¡pero con qué profundidad hablan, con qué inteligencia saben qué sabiduría mana de sus labios! Eso se debe a que reflexionan sobre sí mismos, sobre su destino, sobre su ser, sobre la tierra, el cielo, el mundo, los deberes, la conexión de las cosas. Y solo pueden pensar así en la soledad, liberados del molesto bullicio de la ciudad, libres en su mente y en sus relaciones. Por eso la señora Quärkersen abandona el ruido de la calle, el ruidoso mercado de la vida cuando comprende que la tarea del hombre consiste en el deber para con uno mismo. De ahí se sigue la séptima lección:

¡Hombre, múdate!

La ciencia demuestra que no existe el alma, que todo es instinto y que la lucha del instinto de vida contra la destrucción representa la lucha por la existencia. ¿Pero por culpa de qué mueren cuatro quintas partes de la humanidad?

¡Por culpa de los bacilos!

¡Si no son más!

Lo que para los griegos, que estaban en un nivel muy bajo, era el destino, ahora nosotros lo sujetamos triunfalmente por la cola: el letal y fatídico bacilo. Los griegos y otros pueblos que no estaban a un nivel más alto intentaban a través de sacrificios apaciguar a los dioses (un auténtico disparate), expiar los pecados mediante el arrepentimiento y cambiar el destino. Nosotros nos burlamos de ellos y despreciamos su estupidez. ¿Quién nos libra de los bacilos?

El fenol.

¡El fenol es nuestro salvador! Brindemos por la ciencia.

Y por eso *La turbera* resulta más dramática y terrible que las tragedias de la Antigüedad. El lastimero lloriqueo de la señora Quärkersen significa, en el lenguaje falaz de lo no moderno, de la terca tradición adecuada para escolares: «No redimido, perdido para la eternidad».

Por ahora vienen los bacilos y los devoran.

Cuando nosotros, los modernos, decimos 'fenol', esto significa lo mismo, pero… El fenol huele mal y por eso es más verdadero y real que las frases trilladas sobre la redención y la expiación, que no huelen a nada.

Por eso lo llamamos el santo fenol. Y en lugar de 'redimir', decimos 'desinfectar'.

Hemos terminado nuestro análisis de *La turbera*. Salimos avisados e instruidos, con un sabor amargo y acuoso en la boca, como si hubiéramos comido algo repugnante. Pero esta es la señal de una auténtica obra de arte moderna. Quien la prueba, tiene que pedir ozono. Este es el triunfo del poeta. Terminamos con una máxima del maestro extraída de *Brand*, página 120:

> Detrás del concepto de cada cosa
> se oculta algo como un truco,
> pero bien comprensible por todos
> los que saben contar hasta cinco.

De ahí derivamos la última y más alta lección de *La turbe-ra*, que por sí sola es suficiente para asegurarle la inmortalidad moderna y que dice:

¡Hombre, aprende a contar hasta cinco!

Las figuras femeninas en *La turbera*

Rasmussine Tosse,
stud. rer. natural. et med.

Para Gumme Griis

Solo la mujer entiende a la mujer y solo a través del hombre.
El aparato nervioso de la mujer está más delicadamente tensado; ellas son el tímpano sensible que produce tres mil cuatrocientas treinta y dos vibraciones por segundo, que capta las más sutiles diferencias –p. ej., una sinfonía o las notas más altas de un grillo– y cuya existencia solo se muestra a los filisteos de manera indirecta.

El hombre está constituido de manera más basta. Tiene más cerebro, más materia gris que la mujer. Pero la masa de mayor tamaño es también aquella a la que más le cuesta moverse –como, p. ej., un plumón en comparación con un yunque– y de ahí se desprende que la mujer sea mucho más sensible que el hombre.

Cuando nos sentamos ante el escenario libre[2] con las puertas cerradas, entonces vibramos; nuestros nervios vibran ante la expectativa de lo maravilloso. Y cuando lo maravilloso debería llegar, entonces no viene y ese es el más elevado arte, pues

---

[2] NdT: Cuando Stinde menciona el escenario libre (*freie Bühne*), está jugando con el nombre de la asociación teatral fundada en Berlín a finales del siglo XIX para fomentar el teatro moderno y, más en concreto, el teatro del Naturalismo. Entre otros autores, el Freie Bühne representó obras de Ibsen, Strindberg, Zola, Björnson, Tolstoi, Gerhart Hauptmann, Arno Holz y Johannes Schalf.

para los seres racionales no hay milagros. Pero no se puede negar esa vibración. Tiene que estar en el cerebro, p. ej. en la esfera interior de la sensibilidad de la que carecen los animales de sangre fría porque solo tienen una cámara cardíaca.

De ahí que solo la mujer pueda percibir, pueda comprender completamente las figuras femeninas de *La turbera*. El autor solo nos presenta dos y nada más que dos. Tres habrían sido demasiadas. ¡En la constricción es donde se ve al maestro!

Solo dos mujeres… ¡y qué mujeres! Como las otras figuras de la obra, puros seres humanos naturales independientes y poseedores de una formación filosófica completamente natural. ¡Y excepcional!

Primero, la señora Quärkersen. Yace en la cama, por así decirlo, en el microcosmos, pues la cama es su medio, del que no puede salir, a lo sumo más tarde se sube a la mesa, y eso solo por extrema necesidad. Hace mucho que está en la cama, al menos desde el estadio de los sudores nocturnos.

Ella, en el pasado tan vivaz y activa, está confinada a la cama, pero su espíritu no tiene asiento. En todo lo que piensa resuena el mismo ritmo fundamental, el himno a la voluntad libre, el firme acorde de contrabajo del deber, el registro de lengüeta eólica de la compasión para con los animales que hace que el hombre se convierta en vegetariano o en miembro de la Asociación Protectora de Animales, por no hablar de la vivisección. La señora Quärkersen se había enfrentado completamente a esta cruel tortura de la ciencia y por eso estrechamos mentalmente su bendita mano.

La señora Quärkersen es una mujer sencilla. Cumplió con su deber sin temer a nadie. Esto puede parecer duro desde fuera, y por eso muchos seres femeninos son malinterpretados, pero qué tesoro de poesía encierran sus entrañas espirituales. Con qué delicadeza engalana los pequeños cadáveres… Y ni siquiera los suyos, sino los de extraños. «Angelitos» llama a los pequeños enfriados. Qué dulce suena eso, y qué encanto en la expresión, qué suavidad del lenguaje cuando al pastor –nos lo imaginamos con los ojos arrasados en lágrimas– le describe los ataúdes: feretritos, ropita funeraria, estacioncitas e incluso un torrente de liritos del valle. Sí, eso es poesía, poesía pura, especialmente los liritos del valle. Podemos decir que la anciana tañe las cuerdas del sentimiento no solo del pastor, sino del mundo entero. Aturdido por tanta poesía, casi se me cae la pluma de la mano.

Los niños mueren por asfixia. Cuánto más puro no es esto que, p. ej., morir de disentería. Se comete una injusticia al tachar de impura a la Modernidad. Y, además, ¡*naturalia non sunt turpia*…!

Al Naturalismo todo le está permitido. ¡Por eso es lo que es!

Cuando todos han muerto, la señora Quärkersen se queda sola. ¿Cómo lo soporta? En su lugar, cualquier otro se habría ido, p. ej., a la taberna o a cualquier otro sitio, pero ella no abandona el hogar: eso es rebeldía. No puede irse: eso es destino. Y en este dilema, en este sufrimiento del alma… ¿acaso culpa a los dioses? ¿Disputa con su suerte? No, solo le importa el fenol… ¡¡¡Sus últimos pensamientos son bacteriológico-médico-científicos!!!

Esta es una victoria de lo moderno, filosofía de vida impregnada de ciencia, es bacilosofía, destinada a poner un pronto fin a la vieja filosofía para que nadie vuelva a cargar con ella sus células cerebrales. Así, vemos en la señora Quärkersen el nacimiento de un nuevo conocimiento del mundo (¡qué sutil la luz del sol vespertino en la escena final!) basado en la investigación científica, ¡la rutilante aurora de eras iluminadas científicamente en la arrugada envoltura de una anciana un tanto correosa que solo necesita reventar para, por así decirlo, liberar como mínimo trescientos mil ohmios de electricidad en brillante esplendor!

Leie es de otro tipo. Tampoco es su hija natural, sino su hija adoptada (de *adoptāre*, de ahí la idea de aproximación y elección, algo elevado, como un puente levadizo). Leie está noblemente dotada. Ella misma lo dice. Su claridad interior la rodea como una aureola que nadie ve pero que la mujer resonante puede notar. Y qué humilde es. Para ella, la camisa vale más que la condecoración, las botas más que el betún; era tan humilde que se dio a Knude, que está espiritualmente debajo de ella. Físicamente, puede que él esté encima de ella. Fue el amor de la joven, incorrupta e inexperta criatura la que a través del poder de lo desconocido lo atrajo a él, a Knude, el horneador de turba. En la ciudad nunca había visto a un turbero y ahora lo ama como un trozo de turba hecho carne. El medio de Knude es la turba, su pelo está lleno de turba, sus manos, su ropa, incluso –¡qué delicada observación!– sus dientes están llenos de turba: es turba de la cabeza a los pies. Nunca un escritor había dibujado de manera tan enérgica, auténtica y ambiental un medio como esta concreción de turba en la que Knude está atrapado. Y a través de esta turba –como a través de un polariscopio– Leie ve, con sus virginales ojos, la claridad interior de Knude, su firmeza. Esta no brota de la fuerza bruta y turba. En efecto, aleja de sí toda odiosa conducta para conservar la nobleza de su voluntad pura de la turbación mental a través de la filosofía de vida turbal. No le teme a la turba real, pues para ella, la extremadamente sensible, *naturalia* no son *turpia*, sino a la turba del alma. Esto es inmensamente filosófico.

Y esta noble criatura tiene que observar con dolor cómo se oscurece la claridad interior de Knude, cómo se turba interiormente, pues la turba es oscura. Y este violento dolor libera la herencia del padre, la epilepsia, que crece desde ligeros ataques hasta *grand mal*.

Leie es seria como Hamlet; ya no tiene la bendita y alegre sonrisa de la infancia. ¿Dónde habrá ido a parar?

La respuesta la da el psicofísico: la energía aguardentosa se convierte en la energía potencial de la epilepsia que, por su parte, de vez en cuando liberada, se manifiesta bajo la forma de calambres.

Nunca se había escrito nada tan verdadero. Aquí estamos en vísperas de la nueva era del nuevo arte dramático. Los libros de los médicos son los futuros filones de los Sófocles y Esquilo del futuro junto con la homeopatía, la electroterapia, la ortopedia y la cirugía. Especialmente con la última puede alzar un vuelo aguileño. ¿Qué era la anterior cirugía dramática? Decapitaciones y apuñalamientos. Ahora tiene un campo inmenso… como la turbera con o sin yodoformo. Una pregunta: ¿por qué ya no se realizan las ejecuciones de forma aséptica?

Knude muere. La cadena de animalescos instintos heredados en él lo conduce a una acción punible. Leie, perdonando, viendo su claridad interior, se arrodilla junto al moribundo.

«Muere bellamente», le suplica cuando siente horror ante él debido al horror de su agonía. Quiere amarlo hasta que exhale el último aliento y solo puede hacerlo si él muere bellamente. De esa manera, eleva la nobleza de su alma por encima del fondo de la turba.

Como un lirio del valle se yergue antes nosotros Leie, quien tuvo la desgracia de ser trasplantada a una turbera donde perdió su coraje, sufrió por culpa de Knude y murió por ella misma.

Solo la mujer entiende a la mujer y solo a través del hombre.

La filosofía de Fr. Nietzsche y *La turbera*

Mads Dosmer

Para Sören Faar

Mediante la culminación del intelecto ningún filosofo moderno ha alcanzado una escala más elevada que Friedrich Nietzsche; representa, por lo tanto, el yugo caudino bajo el que han de pasar las creaciones de la literatura para constatar ante este su aceptabilidad. Lo que no está en una aprehensión de Nietzsche, labora en una insuficiencia, en un defecto cuya diferencia recae sobre el autor. Sondeemos, por consiguiente, con objetividad *La turbera*, en qué medida se integra con Nietzsche, rehusando toda entusiasmificación por la Modernidad, concediendo la prerrogativa tan solo al análisis para evitar el vituperio de formar parte de una camarilla.

Podemos prescindir de la proectasia. La lectura de *La turbera* es suficiente tanto para la memorización de los detalles como del conjunto en su totalidad.

Quien no siga lo moderno, quien no haya asimilado Naturalismo y Verismo, sentirá horror ante la eminente reproducción de los sonidos de la tos que, como una guirnalda, circulan por todo el drama. No obstante, la anáfisis es inseparable de la *physis* y precisamente estilizar poéticamente este hurdimiento esputoso, este sonido bronquial, es de una enorme precisión; hay ahí algo cultural, pues Nietzsche dice sobre los sonidos naturales:

«Nuestra cultura los ve con buenos ojos y los cuenta entre las inevitabilidades más nobles»[3].

Las más nobles inevitabilidades son las que la Modernidad necesita. Introducidas por el arte, pronto se instalarán en la refinada sociedad, en los salones; ahí se consentirán las más nobles inevitabilidades –los sonidos naturales–, serán celebradas como ocurrencias filosófico-artísticas y, por lo tanto, permisibles humanidades, y, victoriosa, la briosa corriente de aire de la Modernidad expulsará la cultura que se había vuelto estéril. «*¡Ars et philosophia nietzscheana!*», sea esta nuestra divisa en la falange contra el senil idealismo.

¿Pero qué acontece con los olores de las más nobles inevitabilidades? Un genio universal como Nietzsche no nos deja insatisfechos; también nos guía aquí al proclamar:

«Hacer cosas que huelen mal, de las que uno apenas se atreve a hablar, pero que son útiles y necesarias, también es heroico. Los griegos no se avergonzaban de incluir entre los grandes trabajos de Heracles la limpieza de un establo»[4].

Cierto que Heracles usó el agua purificadora de un río que había desviado; pero los modernos usamos nuestros dedos y eso es aún más heroico. Por eso exclamo con entusiasmo: «¡El hurgador es el auténtico héroe!». Pero tienen que ser verdade-

---

[3] Véase Friedrich Nietzsche, *Aurora*, Leipzig, 1887, página 152.
[4] Fr. Nietzsche, *Aurora*, p. 289.

ras letrinas. Cuanto más verdaderas, más heroísmo. Por eso en las ciudades canalizadas tampoco hay héroes.

En *La turbera* se descuida lo nasal, lo oloroso. Es un inmenso déficit por cuanto no cualifica debidamente lo nietzscheano-heroico. Y no habría sido difícil aportarlo. Una única bacinilla…

De manera más sublime aparece la señora Quärkersen, sobre todo en su calidad de *faiseuse des anges*. Una ley inferior exige la condenación de aquellos que no hayan cumplido con lo dispuesto en el parágrafo 211 del Código Penal. Posee el mayor de los valores para la epistemología, exactamente según Nietzsche, *Aurora*, página 105, donde este venerable filósofo nos instruye:

«El estado de los enfermos, atormentados terriblemente durante largo tiempo por sus sufrimientos y cuyo entendimiento no está nublado por ellos, no carece de valor para el conocimiento, al margen de los beneficios intelectuales que trae consigo toda profunda soledad [aquí tan profunda como en *La turbera*], toda repentina y permitida libertad de todos los deberes y hábitos. El enfermo grave mira las cosas desde su estado con una frialdad terrible: todas esas pequeñas magias mentirosas en las que suelen nadar las cosas cuando las mira el ojo de una persona sana, han desaparecido para él».

Solo con Nietzsche percibimos a la señora Quärkersen, quien observa con abominable frialdad los sentimentalismos de los sanos... El mundo le da igual. Desde este punto de vista, la señora Quärkersen conoce, y nosotros con ella, el sinsentido, la imbecilidad de la compasión. La señora Quärkersen había leído a Nietzsche y había subrayado el fragmento de *Aurora*, página 131, donde se dice:

> «La compasión, en la medida en que realmente crea sufrimiento, es una debilidad, como cualquier pérdida de uno mismo por un afecto dañino. Aumenta el sufrimiento en el mundo: aunque el sufrimiento pueda reducirse o eliminarse indirectamente aquí y allá como resultado de la compasión, estas consecuencias ocasionales y, en general, insignificantes no deben usarse para justificar su naturaleza, que, como hemos dicho, es dañina».

La señora Quärkersen actuó en consecuencia y oprimió los órganos respiratorios de los niños. Si su corazón hubiese sangrado de compasión, se habría hecho daño a sí misma. Pero fue fuerte, una filósofa moderna, una nietzscheana en el sentido más fuera de lo convencional, no como teórica, sino como practicante. Con qué desparpajo, con qué jovialidad le dice al pastor que todos sus niños murieron y se convirtieron en cadáveres querubinables. Todos excepto Leie. (Nota: una de las más grandiosas grandiosidades del drama). ¿De dónde procede esta jovialidad, esta serenidad de espíritu?

¡Solo de Nietzsche!

Si abrimos a Nietzsche por la página 257 de *Aurora*, leemos lo siguiente:

> «Cuando deja de ser difícil cumplir con el deber, cuando después de una larga práctica se transforma en una inclinación placentera y en una necesidad, entonces los derechos de los demás, a los que se refieren nuestros deberes y ahora nuestras inclinaciones, se convierten en otra cosa: esto es, en ocasiones de sensaciones placenteras para nosotros».

Según Nietzsche, el deber de masallaizar a los niños se habría convertido para ella, después de una larga práctica, en una inclinación placentera; este deber que surge del libre albedrío de la Modernidad, que lleva mucho más allá del bien y del mal.

Todavía hemos de extractar un profundo rasgo filosófico. Knude le dice al pastor Vaaser: «No se acerque tanto, señor pastor. La vieja exhala bacilos», y le ubica la silla cerca de la puerta. Aquí debemos suponer que Knude en vez de producir turba, ha estudiado en secreto a Nietzsche, pues este dice:

> «El efecto más poderoso de las mujeres es, para utilizar el lenguaje de los filósofos, un efecto a distancia, una *actio in distans*... ¡Pero esto exige, primero y ante todo, distancia!»[5].

---

[5] Fr. Nietzsche, *La gaya ciencia*, Leipzig, 1887, página 161.

Y precisamente esta distancia es la que posibilita Knude al poner al pastor junto a la puerta. Y ahora la anciana suerte efecto.

Este Knude es un hombre nietzscheano-polar. Tiene los dos polos requeridos: el polo de la claridad y... el polo de la turba. La fuerza nerviosa en el polo de la claridad se vuelve latente y la del polo de la turba cada vez más enérgica hasta que, totalmente más allá del bien y del mal, él, un autodidacta de la nietzscheana moral de señores, introduce en su estómago el contenido de ambas ollas y fenece. La mutación de su carácter durante la agonía casi parece algo milagroso y, sin embargo, se puede comentar naturalmente de manera fisiológico-filosófica.

En una olla había sémola; en la otra, *Amanita muscaria*. Esta última resuelve la acumulación nerviosa en el polo de claridad, que de este modo entra en acción, mientras que el polo de turba desaparece en la sémola: un prodigiosamente ingenioso paralelismo simbólico respecto del pastor Vaaser, quien se sumerge *in toto* en la turba como el polo de turba de Knude en la sémola. Ahora todos ven de manera prístina por qué hay dos ollas a calentar. Sin el dualismo turbal, la polaridad de Knude habría permanecido inamovible.

Y con qué seguridad su adaptación a la moral de señores se fija en el deseo carnal a la cama a la que imperturbablemente aspira. Todo en él es sano, carece de toda herencia cognaciosa como en Leie, quien mucho sufre hereditariamente el alcoholismo de sus progenitores.

La figura del pastor Vaaser es, en apariencia, episódica, y, sin embargo, es necesario este prototipo de burgués –que oscila entre la moral de esclavos y los sentidos del rebaño– para ilustrar uno de los más inmensos dichos sapienciales de Nietzsche. El pastor –comodón como todos los prelados a eliminar de la sociedad– le pregunta a la cumplidora señora Quärkersen por un camino más corto a la ciudad. «El izquierdo va derecho», responde ella con naturalidad e ingenuidad, tal y como habla el pueblo. (Un delicado rasgo por parte del autor). El pastor se desorienta, cae en un hoyo y desaparece en las profundidades. ¿Por qué no había estudiado a Nietzsche, a quien ahora incluso los más simples citan como a un ídolo? De haberlo hecho, habría sabido esto:

> «Los supuestos "caminos más cortos" siempre han puesto a la humanidad en gran peligro»[6].

Ahora se ha perdido por pura filosófico-moderna ignorancia. *La turbera* ha pasado el examen y se despide con el testimonio de que con su difusión de la filosofía moderna y del arte moderno significa un paso adelante, de que los nórdicos podemos estar orgullosos de haber creado una escuela tan prometedora si bien todavía no se ha alcanzado lo más elevado. Para eso aún no es lo bastante nauseabunda. Pero cuando el estricto norte y Nietzsche entren en conjunción, entonces tendrá lugar una constelación que nosotros, de manera axiomática, estamos plenamente legitimados a predecir como la victoria de la exclusiva Modernidad sobre la degenerescencia y la bancarrotización del anticuado idealismo.

---

[6] Fr. Nietzsche, *Aurora*, página 48.

El escenario de *La turbera*

Gumme Griis

Queremos y debemos tener un nuevo rumbo, de lo contrario no se nos presta atención y nos quedamos, entre los *skären*, con los bacalaos. Por eso también debemos tener un teatro diferente al anterior y *La turbera* me parece idónea para hacer sugerencias en este sentido.

He visto mucho teatro: un teatro de marionetas con metamorfosis guiado desde arriba por cuerdas; un teatro de guiñoles guiado desde abajo con los dedos; una vez, un teatro de personas vivas en un granero y otra vez he estado en un teatro en Drammen. Pero tiene que ser de otra manera, más natural.

¿Por qué los actores se maquillan cuando en realidad nadie se pinta así? Knude está cubierto de turba, eso es natural; y la señora Quärkersen no tiene coloretes, y esto también es natural. ¿Pero Leie? Leie puede peinarse con el suero de la leche, y esto es rural.

Debajo de la cama de la señora Quärkersen hay coles, patatas, remolachas, etc. Esto también es natural. Pero no pueden estar pintadas, sino que tienen que ser reales. Tienen que oler a podrido y mohoso, como los trozos de pan en la mesa. La nariz exige su lugar en el teatro.

Cuando se levanta el telón, los músicos deben meterse debajo del escenario porque resulta innatural que sigan ahí sentados, pues en la turbera no hay conservatorio. A ser posible, habría que colocar a los músicos de manera que el público no pudiese verlos. Probablemente no se pueda hacer, pero es mi idea.

La iluminación también tiene que cambiar de manera que no se vean las lámparas del frente, pues las luces delante de los pies no son naturales.

Está muy bien que la decoración no cambie. A este respecto, *La turbera* rompe con el lujo teatral. Es importante que me haya dado cuenta de esto. Tampoco hay monólogos. Ningún hombre sensato habla consigo mismo.

Sería muy ventajoso, si es posible, oscurecer la sala durante la representación para ver con mayor claridad todas las expresiones faciales. Pero probablemente no se pueda hacer.[7]

Por lo tanto, el arte dramático moderno se encuentra en una situación muy precaria.

En *La turbera* hay un grave error. El autor le recomienda a la actriz que representa a Leie que use jabón para conseguir tener espuma epiléptica en la boca. Esto es reprobable: debe espumajear de verdad y tener auténticos espasmos. Sobre el escenario queremos Naturaleza, Naturaleza no adulterada. Así que eso no debe suceder.

Y tampoco debe suceder que el telón caiga. Tiene que seguir abierto para poder ver qué sucede a continuación: cómo llegan las moscas y se ponen encima de Knude y de Leie y aparecen, arrastrándose, los gusanos, y cómo la señora Quärkersen también muere y las moscas también se ponen encima

---

[7] Nota del corrector: ¿El señor Gumme Griis no habrá nacido probablemente unos años después de Baireuth?

de ella y lo pudren todo, como si dura ocho días. Esto va más allá del escenario libre y yo, Gumme Griis, lo denomino:

El escenario permanente

El escenario permanece abierto y el público permanece en el teatro (pueden traer sus camas) hasta que alguien pasa por allí y entra en la choza.

—¿Qué es esto? —exclama—. Esto es antihigiénico; hay que hacer limpieza.

—¡No! —grita el público—. Eso es Naturaleza. Nosotros queremos Naturaleza.

—Pues tendréis Naturaleza —responde, y va a buscar a cuatro inspectores de sanidad y lanzan todo del escenario al público: Leie y Knude, la señora Quärkersen, los gusanos, las coles, las remolachas, las patatas, la escupidera, el fenol, el colchón, la colcha, toda la turba, la turbera entera, hasta que el público está hasta el cuello de Naturaleza. Y entonces el público queda harto de la naturalidad en el arte, se va a su casa y se limpia.

**Y con esto
se acabó.**

Aunque el mundo se desentienda
durante un tiempo de la sencilla belleza,
nunca soportará a largo plazo
entregarse al indigno mal gusto.
Al final anhela la cima,
coronada de auténticos laureles,
y con placer escucha de nuevo
la música de Mozart y las canciones de Goethe.

Emanuel Geibel

Este libro se publicó
el mes de junio
del año 2025

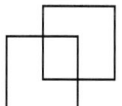